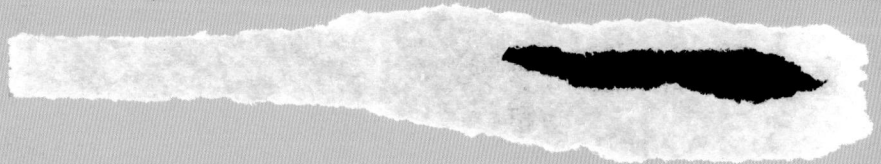

國學小書坊

千字文

風車圖書
WINDMILL

‧ 讀ㄉㄨˊ聖ㄕㄥˋ賢ㄒㄧㄢˊ書ㄕㄨ
‧ 立ㄌㄧˋ君ㄐㄩㄣ子ㄗˇ品ㄆㄧㄣˇ
‧ 做ㄗㄨㄛˋ有ㄧㄡˇ德ㄉㄜˊ人ㄖㄣˊ

寫給家長的話

　　隨著人們對學齡前教育的重視，專家認為有必要為幼兒編選一套國學啟蒙讀物。展現在您面前的這套「國學小書坊」，就是我們基於這一考慮而推出的一套小書。

　　這套書共包括《三字經》、《弟子規》、《讀唐詩》、《學成語》、《千字文》、《讀論語》六種啟蒙讀物，都是廣大家長朋友所喜聞樂見的經典作品，對孩子的心智成長和性格形成具有非常正面的意義，歷來為傳統家庭教育所重視。我們在組織編寫過程中，著力保證了圖書內容的準確性，並盡可能提供了注音、注釋和譯文，以方便您輔導孩子學習。考慮到小讀者的閱讀習慣，我們為書籍配製了精美彩圖，以增加閱讀趣味。

原 文

天 (ㄊㄧㄢ)	地 (ㄉㄧˋ)	玄 (ㄒㄩㄢˊ)	黃 (ㄏㄨㄤˊ)
宇 (ㄩˇ)	宙 (ㄓㄡˋ)	洪 (ㄏㄨㄥˊ)	荒 (ㄏㄨㄤ)
日 (ㄖˋ)	月 (ㄩㄝˋ)	盈 (ㄧㄥˊ)	昃 (ㄗㄜˋ)
辰 (ㄔㄣˊ)	宿 (ㄒㄧㄡˋ)	列 (ㄌㄧㄝˋ)	張 (ㄓㄤ)

注釋

玄：黑中帶紅。《易·坤》有「天玄而地黃」之說。

洪荒：混沌濛昧的狀態，指遠古時代。

盈：月光圓滿。　　昃：太陽西斜。

辰宿：星宿，黃道上的二十八個星座。

張：分布。

　　開天闢地之時，蒼天是青色的，大地是黃色的，宇宙處於混沌濛昧的狀態中。太陽有正有斜，月亮有圓有缺，眾多星辰按照一定的規則布滿了天空。

3

原 文

寒ㄏㄢˊ　來ㄌㄞˊ　暑ㄕㄨˇ　往ㄨㄤˇ

秋ㄑㄧㄡ　收ㄕㄡ　冬ㄉㄨㄥ　藏ㄘㄤˊ

閏ㄖㄨㄣˋ　餘ㄩˊ　成ㄔㄥˊ　歲ㄙㄨㄟˋ

律ㄌㄩˋ　呂ㄌㄩˇ　調ㄊㄧㄠˊ　陽ㄧㄤˊ

注 釋

律呂：我國古代用來作為正音的一種竹管，以管的長
短來確定音的不同高度。我國古代一般將一個
八度分為十二個不完全相等的半音，從低到高
依次排列，每個半音稱為一律，其中奇數各律
叫作「律」，偶數各律叫作「呂」，總稱為
「六律」、「六呂」，簡稱「律呂」。相傳黃帝
時伶倫制樂，用律呂以調陰陽。這裡指用律呂
來調和陰陽，使時序不至於紊亂。

4

一年四季循環交替，永不停息；人們秋天收割莊稼，冬天儲藏糧食。曆法上通過閏月來調整一年的天數，樂律上用律呂來調和陰陽，以求時序不至於紊亂。

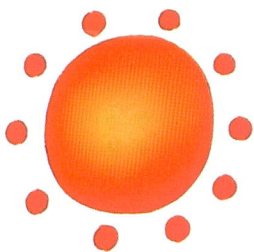

原　文

雲（ㄩㄣˊ）騰（ㄊㄥˊ）致（ㄓˋ）雨（ㄩˇ）

露（ㄌㄨˋ）結（ㄐㄧㄝˊ）為（ㄨㄟˊ）霜（ㄕㄨㄤ）

金（ㄐㄧㄣ）生（ㄕㄥ）麗（ㄌㄧˋ）水（ㄕㄨㄟˇ）

玉（ㄩˋ）出（ㄔㄨ）崑（ㄎㄨㄣ）岡（ㄍㄤ）

注釋

麗水：即麗江，在今雲南省境內，又名金沙江，出
　　　產黃金。

崑岡：崑崙山。相傳盛產美玉。

　　雲氣上升，遇冷就形成了雨；夜間水汽遇冷凝結成霜。黃金產於金沙江，玉石則出自崑崙山。

原 文

劍（ㄐㄧㄢˋ） 號（ㄏㄠˋ） 巨（ㄐㄩˋ） 闕（ㄑㄩㄝˋ）

珠（ㄓㄨ） 稱（ㄔㄥ） 夜（ㄧㄝˋ） 光（ㄍㄨㄤ）

果（ㄍㄨㄛˇ） 珍（ㄓㄣ） 李（ㄌㄧˇ） 柰（ㄋㄞˋ）

菜（ㄘㄞˋ） 重（ㄓㄨㄥˋ） 芥（ㄐㄧㄝˋ） 薑（ㄐㄧㄤ）

注釋

巨闕：傳說越王允常命歐冶子鑄造了五把寶劍，第一把名為巨闕，其餘的依次名為純鈞、湛盧、莫邪、魚腸，全都鋒利無比，而以巨闕為最。

夜光：《搜神記》中說，隋侯救了一條受傷的大蛇，後來大蛇銜了一顆珍珠來報答他的恩情，那珍珠夜間放射出的光輝能照亮整個殿堂，因此人稱「夜光珠」。

最鋒利的寶劍叫巨闕，最有名的明珠叫夜光。果品裡最珍貴的是李子和奈子，蔬菜中最珍貴的是芥菜和生薑。

原　文

海ㄏㄞˇ　鹹ㄒㄧㄢˊ　河ㄏㄜˊ　淡ㄉㄢˋ

鱗ㄌㄧㄣˊ　潛ㄑㄧㄢˊ　羽ㄩˇ　翔ㄒㄧㄤˊ

龍ㄌㄨㄥˊ　師ㄕ　火ㄏㄨㄛˇ　帝ㄉㄧˋ

鳥ㄋㄧㄠˇ　官ㄍㄨㄢ　人ㄖㄣˊ　皇ㄏㄨㄤˊ

注　釋

鱗潛：魚在水中游。　　羽翔：鳥在天上飛。
龍師：相傳伏羲氏用龍給百官命名，人稱「龍師」。
火帝：神農氏用火給百官命名，人稱「火帝」。
鳥官：少昊氏用鳥給百官命名，人稱「鳥官」。
人皇：傳說中的三皇（天皇、地皇、人皇）之一。

　　海水是鹹的，河水是淡的，魚在水下潛游，鳥在天上飛翔。龍師、火帝、鳥官、人皇都是上古時期賢能的人。

原　文

始（ㄕˇ）　制（ㄓˋ）　文（ㄨㄣˊ）　字（ㄗˋ）

乃（ㄋㄞˇ）　服（ㄈㄨˊ）　衣（ㄧ）　裳（ㄕㄤ）

推（ㄊㄨㄟ）　位（ㄨㄟˋ）　讓（ㄖㄤˋ）　國（ㄍㄨㄛˊ）

有（ㄧㄡˇ）　虞（ㄩˊ）　陶（ㄊㄠˊ）　唐（ㄊㄤˊ）

注釋

衣裳：古時上衣叫衣，裙、褲叫裳。

有虞：有虞氏，傳說中的遠古部落名，舜是它的首
　　　領。這裡指舜，又稱虞舜。

陶唐：陶唐氏，傳說中的遠古部落名，堯是它的首
　　　領。這裡指堯，又稱唐堯。

　　傳說在上古時代，黃帝的史官倉頡創制了文字，黃帝的妻子嫘祖製作了衣裳。王者採用禪讓的方式把王位傳給賢能的人，堯（陶唐）將王位傳給舜（有虞），舜又將王位傳給禹。

原　文

弔ㄉㄧㄠ	民ㄇㄧㄣ	伐ㄈㄚ	罪ㄗㄨㄟ
周ㄓㄡ	發ㄈㄚ	殷ㄧㄣ	湯ㄊㄤ
坐ㄗㄨㄛ	朝ㄔㄠ	問ㄨㄣ	道ㄉㄠ
垂ㄔㄨㄟ	拱ㄍㄨㄥ	平ㄆㄧㄥ	章ㄓㄤ

注釋

弔：慰問。

周發：指西周的第一個君主武王姬發。

殷湯：歷史上商朝又稱殷，成湯是第一個君主，他
推翻夏朝暴君桀而建立商朝。

平章：平，指太平；章通「彰」，彰明、顯著。

　　商王成湯和周武王姬發撫慰苦難的老百姓，討伐罪惡的統治者夏桀和商紂。賢明的君主坐在朝廷向大臣們詢問管理天下的辦法，毫不費力就能使天下太平，功績彰著。

原　文

愛（ㄞˋ）　育（ㄩˋ）　黎（ㄌㄧˊ）　首（ㄕㄡˇ）

臣（ㄔㄣˊ）　伏（ㄈㄨˊ）　戎（ㄖㄨㄥˊ）　羌（ㄑㄧㄤ）

遐（ㄒㄧㄚˊ）　邇（ㄦˇ）　壹（ㄧ）　體（ㄊㄧˇ）

率（ㄕㄨㄞˋ）　賓（ㄅㄧㄣ）　歸（ㄍㄨㄟ）　王（ㄨㄤˊ）

 注　釋

黎首：古代百姓的稱謂。百姓終日在戶外田野工作，
　　　頭臉多被曬黑，因此被稱為黎首。

遐邇：指遠近。

率：一律，一概。

賓：服從，歸順之意。率賓，出自《詩經》的「普天
　　之下，莫非王土；率土之濱，莫非王臣」。

　　英明的君主能愛護、體恤老百姓，使戎族和羌族等四方各族都甘願俯首稱臣。普天之下都統一成了一個整體，所有的老百姓都服從他的統治。

原　文

竹（ㄓㄨ）場（ㄔㄤ）木（ㄇㄨ）方（ㄈㄤ）髮（ㄈㄚ）常（ㄔㄤ）養（一ㄤ）傷（ㄕㄤ）

在（ㄗㄞ）食（ㄕ）草（ㄘㄠ）萬（ㄨㄢ）身（ㄕㄣ）五（ㄨ）鞠（ㄐㄩ）毀（ㄏㄨㄟ）

鳳（ㄈㄥ）駒（ㄐㄩ）被（ㄆㄧ）及（ㄐㄧ）此（ㄘ）大（ㄉㄚ）惟（ㄨㄟ）敢（ㄍㄢ）

鳴（ㄇㄧㄥ）白（ㄅㄞ）化（ㄏㄨㄚ）賴（ㄌㄞ）蓋（ㄍㄞ）四（ㄙ）恭（ㄍㄨㄥ）豈（ㄑㄧ）

18

　　鳳凰在竹林中愉快的鳴叫，小白馬在草場上自由自在的吃草。君王的恩澤施及萬物，行於四海。

　　人們的身體髮膚，關係到四大和五常，這些都得自父母的養育恩情，怎麼能隨便損傷呢？

注 釋

被：及，到。　　　　　賴：有利於。

蓋：發語詞，無實義。

四大：指地、水、風、火。

五常：指仁、義、禮、智、信。

原　文

絜（ㄐㄧㄝˊ）良（ㄌㄧㄤˊ）改（ㄍㄞˇ）忘（ㄨㄤˋ）短（ㄉㄨㄢˇ）長（ㄔㄤˊ）覆（ㄈㄨˋ）量（ㄌㄧㄤˊ）

貞（ㄓㄣ）才（ㄘㄞˊ）必（ㄅㄧˋ）莫（ㄇㄛˋ）彼（ㄅㄧˇ）己（ㄐㄧˇ）可（ㄎㄜˇ）難（ㄋㄢˊ）

慕（ㄇㄨˋ）效（ㄒㄧㄠˋ）過（ㄍㄨㄛˋ）能（ㄋㄥˊ）談（ㄊㄢˊ）彼（ㄅㄧˇ）特（ㄊㄜˋ）使（ㄕˇ）欲（ㄩˋ）

女（ㄋㄩˇ）男（ㄋㄢˊ）知（ㄓ）得（ㄉㄜˊ）罔（ㄨㄤˇ）靡（ㄇㄧˇ）信（ㄒㄧㄣˋ）器（ㄑㄧˋ）

　　女子要仰慕那些賢慧貞潔的人，男子要仿效那些有才德的人。知道了過錯就要改正；掌握了某種技能就要時常練習，使不遺忘。

　　每個人都有長處和短處，因此不要去談論別人的短處，也不要誇耀自己的長處。信用要經得起考驗；人的胸懷之寬廣是難以計量的。

注　釋

慕：仰慕。	**絜**：同「潔」。
效：仿效。	
罔：不，不要。靡與「罔」同義。	
覆：考驗。	**器欲**：胸襟，器量。

原　文

墨 ㄇㄛ	悲 ㄅㄟ	絲 ㄙ	染 ㄖㄢ
詩 ㄕ	贊 ㄗㄢ	羔 ㄍㄠ	羊 ㄧㄤ
景 ㄐㄧㄥ	行 ㄒㄧㄥ	維 ㄨㄟ	賢 ㄒㄧㄢ
克 ㄎㄜ	念 ㄋㄧㄢ	作 ㄗㄨㄛ	聖 ㄕ

注釋

墨：墨子，名翟。魯國人（一說宋國人），戰國初期思想家，墨家學派創始人。他看見匠人把白絲放進染缸裡染色，悲歎道：「染於蒼則蒼，染於黃則黃。」強調人要注意抵禦不良環境的影響，保持天生的善性。

羔羊：語出《詩經‧召南‧羔羊》：「羔羊之皮，素絲五。」透過詠羔羊毛色的潔白如一，來讚頌君子的「節儉正直，德如羔羊」。

景行：語出《詩經‧小雅‧車轄》：「高山仰止，景行行止。」意思是對高山要抬頭瞻仰，對賢人的品德要看齊，站到一個行列中去。

　　墨子見到白絲染成了雜色，聯想到一個人要潔身自好是多麼不易，因而悲傷哭泣。《詩經》中有《羔羊》篇，讚美羔羊毛色純而不雜，就像人品行清白正直一樣難能可貴。人們應該仰慕聖賢的德行，克服一己私念，做一個賢德之人。

立（ㄌㄧˋ）正（ㄓㄥˋ）聲（ㄕㄥ）聽（ㄊㄧㄥ）積（ㄐㄧ）慶（ㄑㄧㄥˋ）寶（ㄅㄠˇ）競（ㄐㄧㄥˋ）

名（ㄇㄧㄥˊ）表（ㄅㄧㄠˇ）傳（ㄔㄨㄢˊ）習（ㄒㄧˊ）惡（ㄜˋ）善（ㄕㄢˋ）非（ㄈㄟ）是（ㄕˋ）

建（ㄐㄧㄢˋ）端（ㄉㄨㄢ）谷（ㄍㄨˇ）堂（ㄊㄤˊ）因（ㄧㄣ）緣（ㄩㄢˊ）璧（ㄅㄧˋ）陰（ㄧㄣ）

德（ㄉㄜˊ）形（ㄒㄧㄥˊ）空（ㄎㄨㄥ）虛（ㄒㄩ）禍（ㄏㄨㄛˋ）福（ㄈㄨˊ）尺（ㄔˇ）寸（ㄘㄨㄣˋ）

譯文

　　養成了良好的品德，名聲會和聖人一樣傳播到遠方；就如同身體挺直了，儀表也隨之端正起來一樣。

　　人在空曠的山谷裡發聲，很快就能聽到回聲；在空蕩的房子裡的一處發聲，各處都會產生共鳴。

　　禍患是因為平時壞事做得太多造成的，幸福也是由於平時多做善事得到的回報。一尺長的美玉算不上真正的寶貝，而一分一秒的時光卻值得人們去爭取。

注釋

習：重複。

緣：因為，由於。

競：爭。

原　文

《千字文》

資父事君，曰嚴與敬。
孝當竭力，忠則盡命。
臨深履薄，夙興溫清。
似蘭斯馨，如松之盛。

奉養父親，侍奉君主，要嚴肅而恭敬。孝順父母要竭盡全力，忠於君主要能不惜犧牲生命。

如同站在深淵的邊緣，走在薄冰的上面一樣，早起晚睡，侍候父母，讓他們感到冬暖夏涼。這樣做，自己的德行就會像蘭草那樣清香，像松柏那樣茂盛。

資：這裡有養與敬的意思。

夙：早晨。

溫：溫暖。

嚴：畏憚；嚴肅。

興：起，起來。

清：清涼。

原 文

川 流 不 息
淵 澄 取 映
容 止 若 思
言 辭 安 定

注釋

容止：儀容，舉止。

　　像河水一樣日夜流個不停，像潭水一般明鏡似的清澈照人。儀容舉止要沉靜安祥，言語對答要從容穩重。

《千字文》

原　文

篤（ㄉㄨˇ）　初（ㄔㄨ）　誠（ㄔㄥˊ）　美（ㄇㄟˇ）
慎（ㄕㄣ）　終（ㄓㄨㄥ）　宜（ㄧˊ）　令（ㄌㄧㄥˋ）
榮（ㄖㄨㄥˊ）　業（ㄧㄝˋ）　所（ㄙㄨㄛˇ）　基（ㄐㄧ）
籍（ㄐㄧˊ）　甚（ㄕㄣˋ）　無（ㄨˊ）　竟（ㄐㄧㄥˋ）

注釋

篤：深，甚。　　初：開始。　　令：美好。
榮：本指梧桐樹，引申「盛」的意思。
籍甚：名聲遠播，廣為人知。

　　一開始能真誠的侍奉雙親固然很好，但始終如一堅持到最後才屬難能可貴。梧桐樹之所以高大，是因為它有龐大的根系；孝德高尚，好名聲便會流傳久遠。

原　文

學（ㄒㄩㄝˊ）　優（ㄧㄡ）　登（ㄉㄥ）　仕（ㄕˋ）

攝（ㄕㄜˋ）　職（ㄓˊ）　從（ㄘㄨㄥˊ）　政（ㄓㄥˋ）

存（ㄘㄨㄣˊ）　以（ㄧˇ）　甘（ㄍㄢ）　棠（ㄊㄤˊ）

去（ㄑㄩˋ）　而（ㄦˊ）　益（ㄧˋ）　詠（ㄩㄥˋ）

注釋

學優登仕：《論語》有「學而優則仕」之語。

甘棠：語出《詩經·召南·甘棠》：「蔽芾甘棠，勿剪勿伐，召伯所茇。」相傳西周時召公曾在甘棠樹下理政，後人十分懷念他的政績。

　　書讀好了就能做官，可以行使職權參與政事。周人懷念召公的德政，保護好甘棠樹，不忍砍伐。召公雖然離去了，但百姓們卻世世代代歌頌他。

原　文

樂殊貴賤　禮別尊卑
上和下睦　夫唱婦隨
外受傅訓　入奉母儀
諸姑伯叔　猶子比兒

譯　文

　　選擇樂曲要根據人的身分貴賤有所不同，採用禮節要按照人的地位高低有所區別。長輩和晚輩之間要和睦相處，夫妻之間要一唱一和，恩愛和諧。

　　一個人在外要接受老師的訓導，在家要遵從父母的教導。對待姑姑、伯伯、叔叔，做侄兒、侄女的要像他們的子女一樣孝順。

注　釋

殊：分別。　　　　傅：師傅。

儀：典範。　　　　比：並。

原　文

孔（ㄎㄨㄥˇ）　懷（ㄏㄨㄞ）　兄（ㄒㄩㄥ）　弟（ㄉㄧˋ）

同（ㄊㄨㄥˊ）　氣（ㄑㄧˋ）　連（ㄌㄧㄢˊ）　枝（ㄓ）

交（ㄐㄧㄠ）　友（ㄧㄡˇ）　投（ㄊㄡˊ）　分（ㄈㄣ）

切（ㄑㄧㄝ）　磨（ㄇㄛˊ）　箴（ㄓㄣ）　規（ㄍㄨㄟ）

注釋

孔：很，甚。　　　　懷：思念。

切磨：本指加工玉石等器物，這裡引申為學問上的探討研究。

箴：諷喻，規勸。

兄弟之間要友愛，氣息相通，猶如樹枝相連。結交朋友要志趣相投，要能共同研討學問，互相切磋勸誡。

原　文

仁（ㄖㄣˊ）　慈（ㄘˊ）　隱（ㄧㄣˇ）　惻（ㄘㄜˋ）

造（ㄗㄠˋ）　次（ㄘˋ）　弗（ㄈㄨˊ）　離（ㄌㄧˊ）

節（ㄐㄧㄝˊ）　義（ㄧˋ）　廉（ㄌㄧㄢˊ）　退（ㄊㄨㄟˋ）

顛（ㄉㄧㄢ）　沛（ㄆㄟˋ）　匪（ㄈㄟˇ）　虧（ㄎㄨㄟ）

 注　釋

隱惻：痛之深為隱，傷之切為惻。

造次：匆忙，倉促。　　　節：氣節，節操。

顛沛：流離，困頓。　　　匪：通「非」，不。

虧：缺少。

　　對待別人要仁愛，要有同情心，在任何時候、任何地方都不能丟掉這種美德。氣節、正義、廉潔、謙讓這些品德，即使在最窮困潦倒的時候，也不可丟棄。

原　文

逸（ㄧˋ）疲（ㄆㄧˊ）滿（ㄇㄢˇ）移（ㄧˊ）操（ㄘㄠ）縻（ㄇㄧˊ）

情（ㄑㄧㄥˊ）神（ㄕㄣˊ）志（ㄓˋ）意（ㄧˋ）雅（ㄧㄚˇ）自（ㄗˋ）

靜（ㄐㄧㄥˋ）動（ㄉㄨㄥˋ）真（ㄓㄣ）物（ㄨˋ）持（ㄔˊ）爵（ㄐㄩㄝˊ）

性（ㄒㄧㄥˋ）心（ㄒㄧㄣ）守（ㄕㄡˇ）逐（ㄓㄨˊ）堅（ㄐㄧㄢ）好（ㄏㄠˋ）

 注釋

雅：這裡特指高尚的。

縻：得到。

保持內心清靜平和，就會感覺安逸舒適；內心為外物所動，精神就會疲憊不堪。保持自己天生的善性，願望就可以得到滿足；一心追逐物質享受，意志就會衰退，善性就會改變。一個人只要能夠長期保持高尚的操守，自然就會得到好的職位。

原　文

《千字文》

都邑華夏　東西二京　背邙面洛　浮渭據涇　宮殿盤鬱　樓觀飛驚　圖寫禽獸　畫彩仙靈

中國古代的都城，有東京洛陽和西京長安。洛陽北靠邙山，面臨洛水；長安北橫渭水，遠據涇河。

長安、洛陽的宮殿回環曲折，樓臺宮闕凌空欲飛，使人驚心動魄。宮殿裡畫著各種飛禽走獸，還有彩繪的天仙、神靈。

注 釋

都邑：京城，皇帝居住的地方。

盤：回繞，彎曲。

鬱：茂盛。

觀：宗廟或宮廷大門兩旁高大的建築物。

原　文

丙舍傍啟
甲帳對楹
肆筵設席
鼓瑟吹笙
陞階納陛
弁轉疑星

注釋

丙舍：宮中正室兩旁的房屋。　傍：旁邊，側面。
啟：開。　甲帳：最好的帳幕。　楹：柱子。
肆：陳設。　納：進入。　陛：宮殿的臺階。
弁：古代男子戴的帽子。

44

宮室兩旁的房屋，從側面開啟；廳堂前高高的柱子，掛著裝飾有各種珍寶的帷帳。

宮廷內經常大擺筵席，款待文武百官，樂工吹笙鼓瑟助興，場面十分熱鬧。官員們上下臺階互相祝酒，珠帽轉動，令人疑是滿天星斗。

原　文

內（ㄋㄟˋ）明（ㄇㄧㄥˊ）典（ㄉㄧㄢˇ）英（ㄧㄥ）隸（ㄌㄧˋ）經（ㄐㄧㄥ）相（ㄒㄧㄤˋ）卿（ㄑㄧㄥ）

廣（ㄍㄨㄤˇ）承（ㄔㄥˊ）墳（ㄈㄣˊ）群（ㄑㄩㄣˊ）鍾（ㄓㄨㄥ）壁（ㄅㄧˋ）將（ㄐㄧㄤ）槐（ㄏㄨㄞˊ）

通（ㄊㄨㄥ）達（ㄉㄚˊ）集（ㄐㄧˊ）聚（ㄐㄩˋ）稿（ㄍㄠˇ）書（ㄕㄨ）羅（ㄌㄨㄛˊ）俠（ㄒㄧㄚˊ）

右（ㄧㄡˋ）左（ㄗㄨㄛˇ）既（ㄐㄧˋ）亦（ㄧˋ）杜（ㄉㄨˋ）漆（ㄑㄧ）府（ㄈㄨˇ）路（ㄌㄨˋ）

　　大殿向右可以通向廣內殿，向左可以到達承明殿。這裡既收藏了很多的典籍名著，也聚集了成群的文武英才。

　　宮殿裡收藏著東漢人杜度的草書手稿和鍾繇的隸書真跡，還有漆寫的古書，以及曲阜孔子舊宅牆壁內發現的古文經書。將相府第星羅棋布在兩京城內；皇帝出行時，文武大臣分列道路兩旁侍行。

注　釋

廣內、承明：都是宮殿的名稱。據說廣內殿是用來藏書的，承明殿是用來供官員休息的。

墳典：泛指圖書。《三墳》，記載三皇事蹟的書；《五典》，記載五帝事蹟的書。

英：才能和德行出眾的人。**羅**：分布，排列。**俠**：同「夾」，讀作ㄐㄧㄚ。

槐卿：周朝時，朝廷上種著三種槐樹、九種棘樹，公卿大夫分坐其下，其中面對三槐的為三公之位。後用槐卿泛指朝中百官。

原　文

縣（ㄒㄧㄢ）兵（ㄅㄧㄥ）輦（ㄋㄧㄢ）纓（ㄧㄥ）富（ㄈㄨ）輕（ㄑㄧㄥ）實（ㄕ）銘（ㄇㄧㄥ）

八（ㄅㄚ）千（ㄑㄧㄢ）陪（ㄆㄟ）振（ㄓㄣ）侈（ㄔ）肥（ㄈㄟ）茂（ㄇㄠ）刻（ㄎㄜ）

封（ㄈㄥ）給（ㄐㄧ）冠（ㄍㄨㄢ）轂（ㄍㄨ）祿（ㄌㄨ）駕（ㄐㄧㄚ）功（ㄍㄨㄥ）碑（ㄅㄟ）

戶（ㄏㄨ）家（ㄐㄧㄚ）高（ㄍㄠ）驅（ㄑㄩ）世（ㄕ）車（ㄐㄩ）策（ㄘㄜ）勒（ㄌㄜ）

他們每家都有八縣以上的封地，還有上千名的侍衛親兵。戴著高高的官帽，駕著車馬，陪著皇帝出遊，帽帶飄舞著，好不威風。

大臣的子孫世代享用國家的俸祿，生活富裕，出門時乘坐輕車肥馬，春風得意。這些人文韜武略都很卓著，朝廷把他們的業績、功德載入史冊，銘刻在石碑上，流傳百世。

注 釋

輦：皇帝乘坐的車子。　　轂：車輪。　　緌：帽子的繫帶。

世祿：世代享有的祿位。　　肥：就馬而言。

輕：就車而言。　　策功：記載功勳於史冊。

茂實：非凡的功績。　　勒：雕刻。

原　文

磻（ㄆㄢ）溪（ㄒㄧ）伊（ㄧ）尹（ㄧㄣˇ）
佐（ㄗㄨㄛˇ）時（ㄕˊ）阿（ㄜ）衡（ㄏㄥˊ）
奄（ㄧㄢˇ）宅（ㄓㄜˊ）曲（ㄑㄩ）阜（ㄈㄨˋ）
微（ㄨㄟ）旦（ㄉㄢˋ）孰（ㄕㄨˊ）營（ㄧㄥˊ）

注釋

磻溪：在今陝西寶雞東南，姜太公垂釣所在地。

伊尹：原為有莘氏之女的陪嫁奴隸，商湯用為小臣，後來任以國政。他輔佐商湯滅夏桀後，總理國事，連保三朝，被稱為阿衡。

旦：周公之名，姬姓，因采邑在周，所以稱周公。他是周文王的第四個兒子，武王死後，成王年幼，由他攝政，其間東征平定叛亂，營建成周，封邦建國，制禮作樂。後來他的長子伯禽被成王封於曲阜，為魯國始祖。

姜尚和伊尹，是輔佐賢君有功的名相。如果沒有那個在奄國居住，後來分封在曲阜的周公旦，誰又能輔佐周成王安定天下呢？

原　文

合（ㄏㄜˊ）傾（ㄑㄧㄥ）惠（ㄏㄨㄟˋ）丁（ㄉㄧㄥ）勿（ㄨˋ）寧（ㄋㄧㄥˊ）

匡（ㄎㄨㄤ）扶（ㄈㄨˊ）漢（ㄏㄢˋ）武（ㄨˇ）密（ㄇㄧˋ）寔（ㄕˊ）

公（ㄍㄨㄥ）弱（ㄖㄨㄛˋ）迴（ㄏㄨㄟˊ）感（ㄍㄢˇ）乂（ㄧˋ）士（ㄕˋ）

桓（ㄏㄨㄢˊ）濟（ㄐㄧˋ）綺（ㄑㄧˇ）說（ㄩㄝˋ）俊（ㄐㄩㄣˋ）多（ㄉㄨㄛ）

注釋

匡：糾正、救助。　　傾：危險。
綺：綺里奇，商山四皓之一。
說：傅說。　　俊乂：傑出賢能的人才。
寔：同「實」，實在。

　　春秋時齊桓公九次聯合諸侯，出兵援助勢單力薄和面臨危亡的諸侯小國，成為春秋時期最早的霸主。漢惠帝做太子時靠綺里奇才免於被廢黜；商君武丁感夢而得賢相傅說。正是靠著這些精英們的勤奮努力，天下才得以安寧，百姓才安居樂業。

原 文

霸橫虢盟法刑
更困滅會約煩
楚魏途土遵弊
晉趙假踐何韓

注釋

何：蕭何，漢高祖丞相。
韓：韓非子。
弊：作法自斃。

　　齊桓公之後，晉文公、楚莊王先後稱霸。後來，秦國採用蘇秦的連橫計策先後滅了趙國、魏國。春秋時，晉獻公向虞國借路去消滅虢國，後來晉獻公的兒子晉文公在踐土召集諸侯歃血會盟。西漢丞相蕭何遵循簡約刑法的精神制定九律；韓非子卻死於自己所主張的嚴酷的刑罰。

原　文

起 ㄑㄧˇ 翦 ㄐㄧㄢˇ 頗 ㄆㄛˊ 牧 ㄇㄨˋ

用 ㄩㄥˋ 軍 ㄐㄩㄣ 最 ㄗㄨㄟˋ 精 ㄐㄧㄥ

宣 ㄒㄩㄢ 威 ㄨㄟ 沙 ㄕㄚ 漠 ㄇㄛˋ

馳 ㄔˊ 譽 ㄩˋ 丹 ㄉㄢ 青 ㄑㄧㄥ

注　釋

起：白起，戰國時期秦國大將。
翦：王翦，戰國時期秦國大將。
頗：廉頗，戰國時期趙國將領。
牧：李牧，戰國時期趙國將領。　　宣：張揚。
丹青：古時丹冊記勳，青史記事，丹青即指史籍。

戰國時期的白起、王翦、廉頗、李牧，帶兵打仗都很厲害。他們的聲威遠揚到北方的沙漠，美名永垂青史。

原　文

九（ㄐㄧㄡˇ）　州（ㄓㄡ）　禹（ㄩˇ）　跡（ㄐㄧ）

百（ㄅㄞˇ）　郡（ㄐㄩㄣˋ）　秦（ㄑㄧㄣˊ）　并（ㄅㄧㄥˋ）

嶽（ㄩㄝˋ）　宗（ㄗㄨㄥ）　泰（ㄊㄞˋ）　岱（ㄉㄞˋ）

禪（ㄕㄢˋ）　主（ㄓㄨˇ）　云（ㄩㄣˊ）　亭（ㄊㄧㄥˊ）

注釋

宗：尊崇。
禪：祭祀天地山川。
云亭：即云云山和亭山，均為泰山下的小山。

譯文

　　九州處處留有大禹治水的足跡；全國各郡在秦併六國後歸於統一。五嶽之中人們最尊崇東嶽泰山，歷代帝王都在云山和亭山主持封禪大典。

原　文

雁門紫塞　雞田赤城　昆池碣石　鉅野洞庭　曠遠綿邈　巖岫杳冥

注釋

雁門：即雁門關。　紫塞：指長城。

赤城：山名，天臺山之一峰，在浙江。

雞田：塞外地名。　昆池：即昆明滇池。

碣石：在河北樂亭縣東，今沉入渤海。

鉅野：在山東。　綿邈：連綿遙遠的樣子。

巖岫：山中洞穴。　杳：深遠。　冥：昏暗。

名關有雁門關，要塞有萬里長城，驛站有河北雞田，奇山有浙江赤城。賞池赴昆明滇池，觀海臨河北碣石，看澤去山東鉅野，望湖到湖南洞庭。華夏大地寬廣遼闊，山脈連綿不絕，山洞也是深遠幽暗，不可見底。

原　文

治（ㄓ）　本（ㄅㄣ）　於（ㄩ）　農（ㄋㄨㄥ）
務（ㄨ）　茲（ㄗ）　稼（ㄐㄧㄚ）　穡（ㄙㄜ）
俶（ㄔㄨ）　載（ㄗㄞ）　南（ㄋㄢ）　敏（ㄇㄨ）
我（ㄨㄛ）　藝（ㄧ）　黍（ㄕㄨ）　稷（ㄐㄧ）
稅（ㄕㄨㄟ）　熟（ㄕㄨ）　貢（ㄍㄨㄥ）　新（ㄒㄧㄣ）
勸（ㄑㄩㄢ）　賞（ㄕㄤ）　黜（ㄔㄨ）　陟（ㄓ）

注釋

務：致力。　茲：此。
稼穡：種穀為稼，收穫為穡，泛指農業勞動。
俶：開始。　載：從事。　藝：從事。
勸：勉勵，獎勵。

　　治國的根本在於發展農業，因此百姓們一定要努力耕耘。一年的農活開始時，應種植小米、高粱等農作物。收穫季節，百姓要用剛收穫的新穀交納稅糧，官府按耕作成績給予獎勵或處罰。

原 文

孟（ㄇㄥ）　軻（ㄎㄜ）　敦（ㄉㄨㄣ）　素（ㄙㄨ）

史（ㄕ）　魚（ㄩˊ）　秉（ㄅㄧㄥ）　直（ㄓˊ）

庶（ㄕㄨˋ）　幾（ㄐㄧ）　中（ㄓㄨㄥ）　庸（ㄩㄥ）

勞（ㄌㄠˊ）　謙（ㄑㄧㄢ）　謹（ㄐㄧㄣ）　敕（ㄔˋ）

注釋

敦：崇尚。　　素：精純。

史魚：春秋末年衛國史官，名鰍，字子魚，以正直
　　　著稱。

秉：執守。　　庶幾：也許可以。　　敕：勸誡。

　　孟子崇尚樸素，史魚堅持正義。做人要盡可能不偏不倚，勤奮、謙遜、謹慎，並能時刻嚴於律己。

原 文

聆（ㄌㄧㄥˊ） 音（ㄧㄣ） 察（ㄔㄚˊ） 理（ㄌㄧˇ）

鑒（ㄐㄧㄢ） 貌（ㄇㄠˋ） 辨（ㄅㄧㄢˋ） 色（ㄙㄜˋ）

貽（ㄧˊ） 厥（ㄐㄩㄝˊ） 嘉（ㄐㄧㄚ） 猷（ㄧㄡˊ）

勉（ㄇㄧㄢˇ） 其（ㄑㄧˊ） 祗（ㄓ） 植（ㄓˊ）

注釋

聆：聽。　　鑒：觀看。

貽：贈給，送給。　　猷：計畫，謀劃，謀略。

祗：恭敬。　　植：立身於不敗之地。

聽人說話要審察其中的道理，與人交往要察言觀色。要給子孫留下好的忠告或建議，勉勵他們謹慎小心的立身處世。

原　文

省（ㄒㄧㄥˇ）　躬（ㄍㄨㄥ）　譏（ㄐㄧ）　誡（ㄐㄧㄝˋ）

寵（ㄔㄨㄥˇ）　增（ㄗㄥ）　抗（ㄎㄤˋ）　極（ㄐㄧˊ）

殆（ㄉㄞˋ）　辱（ㄖㄨˇ）　近（ㄐㄧㄣˋ）　恥（ㄔˇ）

林（ㄌㄧㄣˊ）　皋（ㄍㄠ）　幸（ㄒㄧㄥˋ）　即（ㄐㄧˊ）

注釋

躬：自身。　　殆：接近。

皋：水邊的高地。

幸：僥倖。　　即：靠近。

　　聽到別人的譏諷、告誡，要及時反省；備受恩寵則不要得意忘形，要時刻警誡自己，勇退激流，不然就會大禍臨頭。知道面臨危險或會使自己蒙受恥辱的事情將要發生，要及時退隱山林，這樣可以倖免於禍。

原　文

兩ㄌㄤˇ 疏ㄕㄨ 見ㄐㄧㄢˋ 機ㄐㄧ

解ㄐㄧㄝˇ 組ㄗㄨˇ 誰ㄕㄟˊ 逼ㄅㄧ

索ㄙㄨㄛˇ 居ㄐㄩ 閒ㄒㄧㄢˊ 處ㄔㄨˇ

沉ㄔㄣˊ 默ㄇㄛˋ 寂ㄐㄧˋ 寥ㄌㄧㄠˊ

注　釋

兩疏：指漢太子太傅疏廣、太子少傅疏受，這叔侄
二人都以年老辭職，為世人稱頌。

解組：解下印綬，指辭官去職。

索：孤單，寂寞。　　**寂寥**：寂靜。

　　漢代疏廣、疏受叔姪同時在朝廷做大官，一預感到有危險的跡象，立刻辭官歸隱，當時又有誰逼迫他們這樣做？離開人群獨居，悠閒度日，不談是非，何等清靜！

原　文

求ㄑㄧㄡˊ　古ㄍㄨˇ　尋ㄒㄩㄣˊ　論ㄌㄨㄣˋ

散ㄙㄢˋ　慮ㄌㄩˋ　逍ㄒㄧㄠ　遙ㄧㄠˊ

欣ㄒㄧㄣ　奏ㄗㄡˋ　累ㄌㄟˇ　遣ㄑㄧㄢˇ

感ㄑㄧˋ　謝ㄒㄧㄝˋ　歡ㄏㄨㄢ　招ㄓㄠ

注釋

散慮：排除憂慮，不再苦心思索。

謝：推辭，拒絕。

平時讀一讀古書，思考一下其中的道理，就可以排除雜念，活得自在逍遙。多想想高興的事，煩惱自然就會消除；煩悶一丟開，歡樂就會到來了。

原　文

歷條翠凋翳飄運霄
的抽晚蚤委飄獨絳
荷莽杷桐根葉鵾摩
渠園枇梧陳落遊凌

譯文

　　池塘中的荷花開得多麼鮮豔，園林內密生的草木抽出了嫩綠的枝條。到了冬天枇杷葉子還是綠的，而梧桐一到秋天葉子就落了。

　　秋天，老樹根已經腐爛，落葉也隨風四處飄蕩。只有鯤鵬還獨自在高空飛翔，不時展翅凌空，直衝雲霄。

注釋

的歷：光彩鮮豔的樣子。　　**莽**：密生的草。

蚤：同「早」。　　**陳**：舊的。

委：植物枯萎。　　**翳**：遮蔽。

原　文

耽（ㄉㄢ）　讀（ㄉㄨˊ）　翫（ㄨㄢ）　市（ㄕˋ）

寓（ㄩˋ）　目（ㄇㄨˋ）　囊（ㄋㄤˊ）　箱（ㄒㄧㄤ）

易（ㄧ）　輶（ㄧㄡˊ）　攸（ㄧㄡ）　畏（ㄨㄟˋ）

屬（ㄓㄨˇ）　耳（ㄦˇ）　垣（ㄩㄢˊ）　牆（ㄑㄧㄤˊ）

 注 釋

耽：沉溺，入迷。　　翫：通「玩」，觀賞。
寓目：過目。　　易：輕視，忽視。
囊箱：這裡代指囊、箱中所裝之書。
輶：輕視。　　攸：所。

東漢人王充酷愛讀書，因為家窮買不起書，就常常到街上的書攤去看書，由此得以博覽群書。平時說話談論最怕隨隨便便，毫無顧忌，要防止有人隔牆偷聽，引來麻煩。

書

原　文

具ㄐㄩ　膳ㄕㄢ　餐ㄘㄢ　飯ㄈㄢ

適ㄕ　口ㄎㄡ　充ㄔㄨㄥ　腸ㄔㄤ

飽ㄅㄠ　飫ㄩ　烹ㄆㄥ　宰ㄗㄞˇ

饑ㄐㄧ　厭ㄧㄢ　糟ㄗㄠ　糠ㄎㄤ

 注釋

具：置辦，做。　適：合適。

飫：飽。　厭：同「饜」，吃飽。

平日生活要節儉，一日三餐只要口味合適、能吃飽肚子就足夠了。吃飽了的時候，大魚大肉也不想再吃，沒東西吃的時候，酒糟糠皮也可充饑。

原 文

親ㄑㄧㄣ 戚ㄑㄧ 故ㄍㄨˋ 舊ㄐㄧㄡˋ

老ㄌㄠˇ 少ㄕㄠˋ 異ㄧˋ 糧ㄌㄧㄤˊ

妾ㄑㄧㄝˋ 御ㄩˋ 績ㄐㄧ 紡ㄈㄤˇ

侍ㄕˋ 巾ㄐㄧㄣ 帷ㄨㄟˊ 房ㄈㄤˊ

 注釋

御：侍奉。
帷房：內室。

親戚朋友來訪，應當盛情款待；對老人要提供肉食，以表示尊敬，對年輕人則待以粗茶淡飯也就可以。妻妾婢女在家中要紡紗織麻，管理好家務，為丈夫遞衣遞帽，盡心服侍他。

《千字文》

潔（ㄐㄧㄝˊ）煌（ㄏㄨㄤˊ）寐（ㄇㄟˋ）床（ㄔㄨㄤˊ）讌（ㄧㄢˋ）觴（ㄕㄤ）足（ㄗㄨˊ）康（ㄎㄤ）

圓（ㄩㄢˊ）煒（ㄨㄟˇ）夕（ㄒㄧ）象（ㄒㄧㄤˋ）酒（ㄐㄧㄡˇ）舉（ㄐㄩˇ）頓（ㄉㄨㄣˋ）且（ㄑㄧㄝˇ）

扇（ㄕㄢ）燭（ㄓㄨˊ）眠（ㄇㄧㄢˊ）筍（ㄙㄨㄣˇ）歌（ㄍㄜ）杯（ㄅㄟ）手（ㄕㄡˇ）豫（ㄩˋ）

紈（ㄨㄢˊ）銀（ㄧㄣˊ）畫（ㄓㄡˋ）藍（ㄌㄢˊ）弦（ㄒㄧㄢˊ）接（ㄐㄧㄝ）矯（ㄐㄧㄠˇ）悅（ㄩㄝˋ）

82

細絹製的團扇像滿月一樣又白又圓，銀色的蠟燭照得滿屋像白天一樣明亮。早晚休息和睡覺用的是藍色的竹席和象牙裝飾的床。

盛大的宴會伴著歌舞彈唱，人們高擎酒杯，互相敬酒，情不自禁的手舞足蹈，高興萬分。

紈扇：用細絹製成的團扇。　　**煒**：光明。

觴：酒杯。

矯：舉起。

原　文

嫡（ㄉㄧˊ）　後（ㄏㄡˋ）　嗣（ㄙˋ）　續（ㄒㄩˋ）

祭（ㄐㄧˋ）　祀（ㄙˋ）　烝（ㄓㄥ）　嘗（ㄔㄤˊ）

稽（ㄑㄧˇ）　顙（ㄙㄤˇ）　再（ㄗㄞˋ）　拜（ㄅㄞˋ）

悚（ㄙㄨㄥˇ）　懼（ㄐㄩˋ）　恐（ㄎㄨㄥˇ）　惶（ㄏㄨㄤˊ）

注釋

祭祀：以食物供奉鬼神。

烝嘗：古代四時祭祀的統稱。

稽顙：屈膝下拜、以額頭觸地的一種跪拜禮，表示
　　　極度的虔誠和感謝。

子孫一代一代傳續，四時祭祀祖先不能懈怠。磕頭下拜時，態度要畢恭畢敬，誠惶誠恐。

原　文

牋ㄐㄧㄢ	牒ㄉㄧㄝ	簡ㄐㄧㄢ	要ㄧㄠ
顧ㄍㄨ	答ㄉㄚ	審ㄕㄣ	詳ㄒㄧㄤ
骸ㄏㄞ	垢ㄍㄡ	想ㄒㄧㄤ	浴ㄩ
執ㄓ	熱ㄖㄜ	願ㄩㄢ	涼ㄌㄧㄤ

注釋

牋：同「箋」，信箚。　　牒：書籍。
顧：轉過頭看，回視。
骸：身體。

寫給人書信要簡明扼要，回答別人的問話要詳細周全。身上髒了就想洗個澡，手裡捧著熱東西就希望它快點涼下來。

原　文

《千字文》

驢（ㄌㄩˊ）　騾（ㄌㄨㄛˊ）　犢（ㄉㄨˊ）　特（ㄊㄜˋ）

駭（ㄏㄞˋ）　躍（ㄩㄝˋ）　超（ㄔㄠ）　驤（ㄒㄧㄤ）

誅（ㄓㄨ）　斬（ㄓㄢˇ）　賊（ㄗㄟˊ）　盜（ㄉㄠˋ）

捕（ㄅㄨˇ）　獲（ㄏㄨㄛˋ）　叛（ㄆㄢˋ）　亡（ㄨㄤˊ）

注釋

犢：小牛。
特：大牛。
驤：駿馬。

88

　　驢、騾、牛等牲口，受到驚嚇就會奔跑得比駿馬還快。法律要嚴明，對那些罪大惡極的盜賊、叛亂分子和亡命之徒，一定要嚴厲懲罰。

正大光明

原 文

布（ㄅㄨˋ） 射（ㄕㄜˋ） 僚（ㄌㄧㄠˊ） 丸（ㄨㄢˊ）

嵇（ㄐㄧ） 琴（ㄑㄧㄣˊ） 阮（ㄖㄨㄢˇ） 嘯（ㄒㄧㄠˋ）

恬（ㄊㄧㄢˊ） 筆（ㄅㄧˇ） 倫（ㄌㄨㄣˊ） 紙（ㄓˇ）

鈞（ㄐㄩㄣ） 巧（ㄑㄧㄠˇ） 任（ㄖㄣˊ） 釣（ㄉㄧㄠˋ）

注 釋

布：三國時的呂布，善於射箭。**阮**：阮籍，擅長吹簫。
僚：熊宜僚，善於玩彈丸。**嵇**：嵇康，善於彈琴詠詩。
恬：蒙恬，秦朝人，據說發明了毛筆。
倫：蔡倫，《後漢書》記載他開始創造性的用樹皮、麻頭、破布等來造紙，人稱「蔡侯紙」。
鈞：馬鈞，三國時人，相傳曾製出指南針和龍骨水車。
任：《莊子・外物》中所說的任公子，相傳他曾在東海釣得大魚。

　　呂布精於射箭，熊宜僚善玩彈丸，嵇康善於彈琴，阮籍善於吹簫。蒙恬製造了毛筆，蔡倫發明了造紙術，馬鈞發明了指南針，任公子善於釣魚。

原　文

釋（ㄕ）紛（ㄈㄣ）利（ㄌㄧˋ）俗（ㄙㄨˊ）
並（ㄅㄧㄥˋ）皆（ㄐㄧㄝ）佳（ㄐㄧㄚ）妙（ㄇㄧㄠˋ）
毛（ㄇㄠˊ）施（ㄕ）淑（ㄕㄨˊ）姿（ㄗ）
工（ㄍㄨㄥ）顰（ㄆㄧㄣˊ）妍（ㄧㄢˊ）笑（ㄒㄧㄠˋ）

注　釋

紛：糾紛。　　**毛**：毛嬙。
施：西施。《莊子・齊物論》：「毛嬙、西施，人
　　　之所美也。」
工：善。　　**顰**：皺眉。

　　他們或者善於為人解決糾紛，或者善於發明創造，都能給社會帶來便利。戰國時的毛嬙、西施，姿容姣美，皺起眉頭來都俏麗無比，笑起來更是格外動人。

原　文

催（ㄘㄨㄟ）	每（ㄇㄟˇ）	矢（ㄕˇ）	年（ㄋㄧㄢˊ）
曜（ㄧㄠˋ）	朗（ㄌㄤˇ）	暉（ㄏㄨㄟ）	曦（ㄒㄧ）
幹（ㄨㄛˋ）	懸（ㄒㄩㄢˊ）	璣（ㄐㄧ）	璇（ㄒㄩㄢˊ）
照（ㄓㄠˋ）	環（ㄏㄨㄢˊ）	魄（ㄆㄛˋ）	晦（ㄏㄨㄟˋ）
祜（ㄏㄨˋ）	修（ㄒㄧㄡ）	薪（ㄒㄧㄣ）	指（ㄓˇ）
劭（ㄕㄠˋ）	吉（ㄐㄧˊ）	綏（ㄙㄨㄟ）	永（ㄩㄥˇ）

注釋

矢：漏矢，古代計時用具。　曜：照耀。
璇璣：古代指北斗星的第一至第四星。
幹：旋轉。　晦魄：這裡指月亮。
祜：福。　綏：安好。　劭：勸勉。

　　可惜青春易逝，歲月匆匆催人老，只有太陽的光輝永遠朗照。高懸的北斗隨著四季變換轉動，皎潔的月光照遍人間每個角落。只有不斷修善積德，人才能平安度過一生，就像薪火一樣，木柴雖然燒掉了，但火種卻會長久的保留。

原　文

領ㄌㄧㄥˇ 引ㄧㄣˇ 步ㄅㄨˋ 矩ㄐㄩˇ

廟ㄇㄧㄠˋ 廊ㄌㄤˊ 仰ㄧㄤˇ 俯ㄈㄨˇ

莊ㄓㄨㄤ 矜ㄐㄧㄣ 帶ㄉㄞˋ 束ㄕㄨˋ

眺ㄊㄧㄠˋ 瞻ㄓㄢ 徊ㄏㄨㄞˊ 徘ㄆㄞˊ

聞ㄨㄣˊ 寡ㄍㄨㄚˇ 陋ㄌㄡˋ 孤ㄍㄨ

誚ㄑㄧㄠˋ 等ㄉㄥˇ 蒙ㄇㄥˊ 愚ㄩˊ

者ㄓㄜˇ 助ㄓㄨˋ 語ㄩˇ 謂ㄨㄟˋ

也ㄧㄝˇ 乎ㄏㄨ 哉ㄗㄞ 焉ㄧㄢ

　　一個人平時要注意自己的儀表與舉止，走路要邁方步，脖子要挺直，一舉一動都要像在殿堂中一樣莊重肅穆。服飾裝束要整齊端莊，來回走動、抬頭望遠，都要合乎禮儀。

　　作者自覺學問淺陋、見識少，難以完成君命，只好等待聖主的譏誚了。我的學問不過是知道「焉」、「哉」、「乎」、「也」四個語助詞罷了。

矜：矜持。　　**莊**：端莊。

寡：少。　　　**誚**：譏諷。

謂：叫作。

語助：語氣助詞。

國學小書坊 : 千字文 / 風車編輯製作編輯.
-- 初版. -- 新北市 : 風車圖書，2011.05
面 ；　公分
ISBN 978-986-223-113-5(平裝)
1.千字文 2.蒙求書 3.漢語 4.讀本
802.81　　　　100009505

國學小書坊
千字文

社長｜許丁龍　　　編輯｜風車編輯製作　　出版｜風車圖書出版有限公司

代理｜三暉圖書發行有限公司　　地址｜221 新北市汐止區福德一路328巷2號

電話｜02-2695-9502　　傳真｜02-2695-9510　　統編｜89595047　　網址｜www.windmill.com.tw

劃撥帳號｜14957898　　戶名｜三暉圖書發行有限公司　　初版｜2011年05月